Philippe Vincent

Photographies d'Alain Bordes
Croquis de Dominique Béraud

Une année au potager

Le calendrier pratique du jardinier amateur

ÉDITIONS SUD OUEST

AVANT-PROPOS

J'ai passé de nombreuses années à Paris, où mon seul jardin était le rebord de la fenêtre de la cuisine. J'y faisais bien pousser un peu de persil et de ciboulette, mais retrouver la saveur des tomates du jardin ou le croquant des haricots verts juste cueillis m'était interdit, faute de place.

Aussi, à l'occasion de ma réinstallation en province, faire un jardin devint l'une de mes premières préoccupations. Mais, après des années passées sans avoir manié la bêche et le sécateur, je m'aperçus vite que j'avais oublié bien des choses apprises auprès de mon grand-père, un orfèvre en la matière. Et ce qui me semblait avoir le plus disparu de ma mémoire, c'était le fichier « Quand faire quoi ? ». Bien sûr, je n'avais pas de problème pour faire pousser des tomates et quelques autres végétaux de base. Mais je m'apercevais en avril que j'avais oublié de semer les fèves en novembre, en juillet que je n'avais pas pensé à temps à planter les petits oignons rouges si délicieux dans les salades, et ainsi de suite. En outre, je n'allais à ce jardin de campagne qu'une fois par semaine, voire un week-end sur deux, et tout oubli répété m'obligeait à faire l'impasse sur telle ou telle culture. J'eus donc l'idée de me faire un petit agenda perpétuel dans lequel je notai, au fil des mois et des saisons, les travaux à faire au potager.

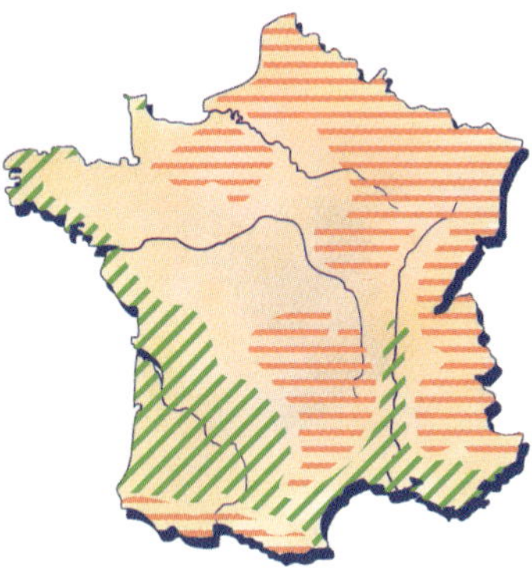

Ce n'est bien sûr qu'un guide et il faudra que chacun prenne en compte sa situation géographique (la végétation n'a pas la même avance en Lorraine qu'au Pays basque), sa situation d'altitude (le climat de montagne est plus rude), l'avance

➥ Les termes techniques sont expliqués dans le glossaire page 60.

ou le retard de la saison et éventuellement le micro-climat de sa région. De ce point de vue, le jardinage n'est pas une science exacte et il suffit, souvent, de voir ce que font les voisins installés depuis longtemps pour adopter le bon rythme. De la même façon, on comprendra qu'il faut parfois adapter les conseils, car de nombreux facteurs peuvent faire évoluer les choses : le climat local, la nature du sol et l'exposition, mais aussi le temps disponible, le budget, la taille du jardin et, bien évidemment, les goûts personnels.

Cet ouvrage n'est pas une encyclopédie qui se voudrait exhaustive ; j'ai simplement rappelé les principes élémentaires avec lesquels on peut faire un beau potager de base, que l'on ait un jardinet ou un terrain de dimensions imposantes.

Enfin, sans être écologistes militants, soyons attachés à des pratiques raisonnables et de bon sens : sans bannir les engrais ou les traitements chimiques, on les utilisera à bon escient et avec grande modération. Sachons allier la sagesse des anciens aux techniques et aux matériels d'aujourd'hui.

Bien sûr, après la lecture de ces pages, le plus difficile restera à faire : le jardin ! Mais faire pousser quelques fleurs, quelques légumes et même quelques fruits ne demande pas un travail colossal. En compensation, vous aurez la satisfaction de goûter aux saveurs inégalables des légumes du potager. J'espère que ce petit ouvrage saura vous guider toute l'année pour vous aider à faire grandir votre jardin (certains jardiniers éclairés ont commencé avec quelques pots sur leur balcon). Et rappelez-vous une chose : la terre ne vous rendra que ce que vous lui aurez donné.

Merci à tous ceux qui m'ont prodigué leurs conseils, particulièrement Simone Peytour, jardinière charentaise, Françoise et Réjean Coiffard, agriculteurs, et Marc Mercader, technicien en espaces verts.

janvier

semer, planter, récolter, soigner…

- Planter ail, échalote et oignon.
- Continuer à bêcher.
- Entretenir le compost.
- Préparer la mise en place printanière.
- Faire des semis de laitues.

AU POTAGER

Ail, oignon, échalote

S'il ne fait pas trop froid, vous pouvez continuer à les planter : installer les bulbilles **tous les 15 centimètres** en **rangs espacés de 20 centimètres** (sans tasser le sol). Sinon, vous pourrez attendre jusqu'à la mi-février.

N'enterrez pas trop vos bulbilles, mais plantez-les plutôt **à fleur de terre**, surtout pour l'échalote qui craint l'humidité. Pour l'ail, choisissez de planter les gousses extérieures de la tête pour avoir une meilleure production.

Plantées à fleur de terre, les bulbilles d'oignons ne risqueront pas de pourrir et se développeront mieux.

NB N'installez jamais ces bulbes sur une parcelle qui en a déjà accueilli lors des trois années précédentes ou dans un sol venant de recevoir récemment une fumure organique.

Un compost bien mûr, prêt à l'emploi.

Excellente en cuisine pour parfumer les viandes blanches, la sauge, qui se transplante très facilement, doit avoir sa place dans un carré d'herbes aromatiques. Mais attention : comme le romarin, c'est une plante arbustive qui prendra un peu de place avec les années.

Composts

Brassez vos composts et **recouvrez-les de paille**. Ils vous serviront au début du printemps, mais vous pouvez commencer à les épandre dès maintenant dans les différentes parties du jardin où vous en aurez besoin. Il est trop tard pour fumer des plates-bandes qui recevront des légumes-racines (carottes, radis, etc.), mais on peut les amender avec un **terreau bien décomposé**.

Herbes aromatiques

Si vous n'en avez pas, préparez l'emplacement d'un carré d'herbes aromatiques. Choisissez un **endroit bien exposé** (au sud ou à l'ouest), si possible pas trop éloigné de la maison afin de vous éviter de traverser tout le jardin pour quelques brins de persil ou de ciboulette. Pour allier l'esthétique au pratique, vous pouvez l'organiser comme un **damier** où alternent les dalles de pierre (ou de brique) et les carrés de terre.
Ainsi, les plantes ne se mélangeront pas et, par temps pluvieux, vous n'aurez pas les chaussures pleines de boue en revenant de cueillir ce dont vous aviez besoin : thym, ciboulette, persil, basilic, laurier, sauge, cerfeuil, origan, menthe, etc. Profitez-en pour **planter ou re-**

Plus ou moins grand selon le nombre de plantes que vous voulez y installer, le carré (ou rectangle !) de plantes aromatiques et condimentaires est très pratique s'il est près de la maison. Vous pouvez aussi l'organiser comme une rocaille, ce qui sera du plus bel effet.

planter du thym. C'est une plante très rustique, mais on a souvent intérêt à renouveler sa plantation tous les quatre ou cinq ans. Pour donner plus de vigueur aux petites touffes que l'on transplante, il faut les enterrer suffisamment profond pour ne laisser dépasser que le haut des rameaux.

Labours

Continuez les labours **sans apporter de fumier** et seulement **par temps pas trop froid**. En effet, si vous retournez une terre gelée en surface, vous enfouirez le froid, et votre plate-bande sera plus longue à réchauffer quand le printemps arrivera.

Pour bêcher une plate-bande, commencez par retourner la terre du sillon (1) en la mettant de côté, puis mettez celle du sillon (2) dans le sillon (1), celle du (3) dans le (2) et ainsi de suite. Pour terminer, vous comblerez le dernier sillon avec la terre du premier que vous avez mise à côté.

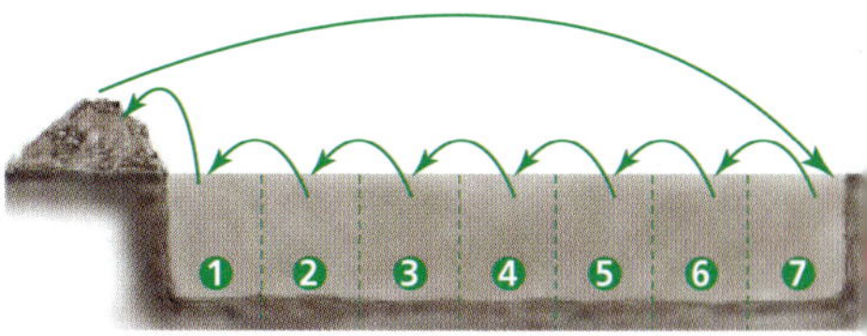

SERRES & CHÂSSIS

Semis

Effectuez un semis de **laitues** (« Dorée de printemps », « Blonde maraîchère », « Reine de Mai », etc.) en répartissant vos graines en **lignes espacées de 30 centimètres** et sans trop les enfouir. Quand les plans auront quatre à cinq feuilles, il faudra les **repiquer à 20 ou 30 centimètres** d'intervalle ou éclaircir les rangs. Vous pouvez **procéder de même pour les radis** qui pousseront sans problème.

© J. Duprat

CONSEIL

Terres calcaires et terres acides

Sans connaître avec exactitude le degré d'acidité d'une terre (son **pH**), il est bon de savoir si elle est à **dominante alcaline** (contenant beaucoup de chaux comme les terrains argilo-calcaires) ou plutôt **acide** (manquant de calcaire comme les terrains sablonneux ou la terre de bruyère). Cela vous évitera de rater vos **azalées** en terre calcaire ou de vous obstiner à semer des petits pois dans du sable !

Diminuer l'acidité
➘
épandre en hiver de la **chaux** ou des **cendres de bois** puis les enfouir au labour

Diminuer l'alcalinité
➘
utiliser du **soufre** ou du **sulfate de fer**

Terres argileuses
(difficiles à travailler et à réchauffer, collant aux mains et aux outils et se désagrégeant mal quand elles sont humides)
➘
ajouter, en hiver, de la **tourbe** et du **sable**

février

semer, planter, récolter, soigner…

- Se préparer au printemps : réfléchir au plan du potager et des massifs, choisir les légumes et les fleurs à planter, vérifier les outils, désinfecter les pots et les jardinières.
- Semer les fèves si cela n'a pas été fait en novembre.
- Planter la ciboulette, l'oignon blanc et le rouge.

AU POTAGER

Le printemps ne va pas tarder à arriver, faites en sorte d'être prêt pour cette période où l'on se retrouve facilement débordé, surtout si vous ne travaillez au jardin que le week-end. Réfléchissez à ce que vous voulez planter en préparant notamment un **plan du potager** s'il est de belle taille, et **commandez** éventuellement plants et semences.

De même, **vérifiez tous vos outils** et en particulier l'affûtage de vos sécateurs qui vont bientôt servir souvent. Si cela n'a pas déjà été fait, assurez-vous du bon fonctionnement de votre tondeuse et de votre motoculteur, et faites-les réviser ou réparer avant la fin de l'hiver.

Asperges

Si vous comptez planter des pieds d'asperge au mois d'avril, il vaut mieux commencer à **préparer le terrain** fin février ou début mars pour avoir du temps devant soi, car le travail du sol est assez long : apport de **fumure organique** en profondeur, **nivelage** du sol, ouverture de **tranchées**, installation de **tuteurs** pour les griffes, etc.
N'oubliez pas que votre culture pourra produire pendant plus de dix ans. Il faudra donc **bien choisir l'implantation** au jardin, d'autant plus que vous aurez besoin d'une surface assez grande (environ 50 pieds dans 50 m² pour une famille).
Il faut donc un peu de courage et de patience, mais ensuite… quel délice !

Les années précoces, les fèves semées à l'automne peuvent déja commencer à naître dans les régions les plus douces.

Fèves

Si vous n'en avez pas semé en novembre, **vous pouvez le faire maintenant**. Elles seront peut-être moins robustes et plus sujettes à l'attaque des pucerons, mais ce serait dommage de se priver de ce délice tout simple que sont de petites févettes vertes à la croque au sel.

Pied de ciboulette.

Oignons blancs et ciboulette

Plantez-les **dès maintenant** pour pouvoir en profiter dans vos salades au printemps.

Plantes-racines

N'oubliez pas que **vous ne devez pas apporter de matières organiques fraîches** aux endroits où vous allez cultiver des **plantes-racines** (carottes, navets, etc.) sous peine de risquer d'obtenir des racines fourchues.

Aérez bien vos serres et châssis dès que la température le permet.

SERRES & CHÂSSIS

Si vous possédez une serre, **méfiez-vous des journées bien ensoleillées à partir de la mi-février**. À travers les vitres, les rayons de soleil qui commencent à prendre de la force peuvent endommager vos jeunes plants. Profitez-en donc pour **aérer**, mais pensez à la refermer le soir, car les nuits sont encore froides.

Semis

À cette époque vous pouvez **semer, sous serre ou châssis chauffés**, des plantes sensibles au froid (aubergines, choux-fleurs, poivrons, etc.) que vous repiquerez en mars toujours à l'abri. Sous **châssis froids**, vous pouvez semer des plantes moins fragiles comme le céleri ou le chou (n'oubliez pas de couvrir vos châssis le soir). Tous ces légumes pourront être installés en pleine terre au potager au mois de mai.

Une belle pomme de chou, résultat de protection et de soin

MATÉRIEL

La réalisation d'un bon compost demandera des soins. L'alternance des couches végétales sera primordiale.

Silo à compost

L'hiver étant une période où le jardinier est disponible, vous pouvez en profiter pour mettre en place un **silo à compost** si vous n'en avez pas.
Une technique rudimentaire, mais économique et efficace, consiste à le fabriquer avec des **palettes en bois** que vous aurez récupérées et que vous assemblerez avec de solides équerres. Utilisez une palette pour le fond (à plat sur le sol), trois pour les côtés et une plus légère pour la porte.
Au fil des mois, vous pourrez y mettre vos **tontes de pelouse fraîches** (on ne sait pas toujours comment s'en débarrasser), les **épluchures de légumes**, les **feuilles mortes** (préférez les plus fines – tilleul, frêne, érable – et oubliez les plus épaisses – chêne, châtaignier, platane), etc. Faites attention à ne pas mettre de déchets végétaux provenant de plantes malades.
Vous devrez **laisser mûrir** ce compost pendant plusieurs mois, car il doit être bien décomposé avant de vous en servir. N'hésitez pas à l'arroser en été s'il a tendance à sécher, à l'aérer régulièrement et à lui ajouter du purin d'orties qui activera son mûrissement.

NB *Choisissez bien l'endroit où vous l'installerez pour ne pas faire des kilomètres avec votre brouette chargée au moment de l'épandre. D'autre part, ne le mettez pas en plein soleil, mais plutôt à un endroit ombragé du jardin pour éviter son dessèchement excessif.*

Tuteurs

Lors d'une promenade en forêt, allez chercher des branches bien droites de **noisetier** qui vous serviront de **rames** pour les pois, haricots, tomates, etc. Si vous préférez utiliser celles de l'année précédente, désinfectez-les afin de ne pas risquer de transmettre de maladies à vos futures plantes.

mars

semer, planter, récolter, soigner…

- Biner et commencer à lutter contre les mauvaises herbes.
- Semer les petits pois.
- Repiquer les oignons.
- Si vous n'en avez pas déjà, pensez à fabriquer des châssis.
- Préparer les premiers semis de légumes sous abris.

AU POTAGER

Pour le binage, la serfouette est autant utilisée que la binette.

lignez bien vos semis pour faciliter l'entretien t désherbez régulièrement dès les premières pousses.

Binage

Dès maintenant il va falloir com mencer à biner pour **casser les mottes** que le gel a pu compacter, **aérer la terre** et se mettre à **lutter contre les mauvaises herbes** qui vont bientôt croître rapidement.

Oignons

Si vous avez semé des oignons en septembre, c'est le moment de les **repiquer**. Mais il est souvent plus facile et pas beaucoup plus onéreux d'acheter des **bulbilles** à planter directement en pleine terre. Il est encore temps de le faire si vous avez oublié en début d'année, mais n'attendez pas plus tard.

Petits pois

Dans la plupart des régions, on peut **les semer en pleine terre** dès le mois de mars. N'oubliez pas de **les butter** quand ils auront atteint **10 ou 15 centimètres de haut**, car ils ne s'enracinent pas très profondément.

Plantes hybrides

Sur les sachets de graines ou sur les étiquettes de plants en godet, on voit souvent la mention « **hybride F1** ». Il s'agit alors d'une plante issue du croisement de deux variétés choisies pour la complémentarité de leurs caractéristiques afin de favoriser une qualité particulière : **rendement**, **résistance aux maladies**, etc. Ces plantes sont intéressantes à cultiver, mais on ne peut en aucun cas recueillir leurs graines pour les semer l'année suivante. En effet, l'amélioration due au croisement ne peut pas se transmettre à la génération suivante. Il faudra donc racheter chaque année de nouvelles graines pour cultiver ces variétés hybrides.

Radis et carottes

Si vous manquez de place, vous pouvez très bien **mélanger leurs graines** au moment du semis. Après la levée, vous ne risquez pas de les confondre et l'odeur du radis éloignera l'araignée rouge qui pourrait s'attaquer aux jeunes carottes.

SERRES & CHÂSSIS

Semis

Le printemps approchant, la grande période des semis arrive, pour les fleurs comme pour les légumes. **Ne voyez pas trop grand**, car un petit paquet de graines équivaut souvent à plusieurs mètres carrés de culture lorsque les plantes ont atteint leur taille définitive. Si vous avez un tout petit jardin et peu de temps à lui consacrer, il vaudra mieux oublier les semis de légumes et attendre avril ou mai pour repiquer des plans que vous achèterez alors dans le commerce. Néanmoins, si vous décidez de faire vos propres semis, il faut dès maintenant **préparer vos serres et vos châssis** (vérifiez leur état et nettoyez les terrines,

Si vous n'avez pas suffisamment de place pour installer une serre, un ou plusieurs châssis feront l'affaire pour vos semis. En outre, le budget ne sera pas le même : l'investissement se réduira à quelques planches, des clous et des vitres.

Le semis en place, plus tardif, est aussi moins contraignant.

caissettes et pots dans lesquels vous allez semer). Vous n'oublierez pas de **les arroser régulièrement** et de ne pas laisser la condensation s'accumuler sur les vitres.

Semis en place ou en pépinière ?

Certaines plantes peuvent être difficilement transplantées. C'est le cas des légumes ayant une grosse racine pivotante (carotte, radis) ou de certaines fleurs comme le pied-d'alouette, la capucine, la centaurée. Elles doivent donc être mises directement en place. En revanche, la plupart des végétaux ont intérêt à être semés en pépinière (dans des caissettes et des godets) puis repiqués en terre à la distance souhaitée. Généralement, le type de semis est indiqué sur les sachets de graines du commerce. Enfin, si vous ne voulez pas faire vos semis vous-même, vous aurez toujours le loisir d'acheter des plants en godet, surtout si vous avez un petit jardin. Ce sera plus cher mais plus simple.

Pour les plantes qui ne supporteraient pas directement la pleine terre à cause du froid, semez-les en pépinière (caissettes, terrines, pots, etc.) pour pouvoir les mettre à l'abri.

Semis en poquet.

Semis en pépinière.

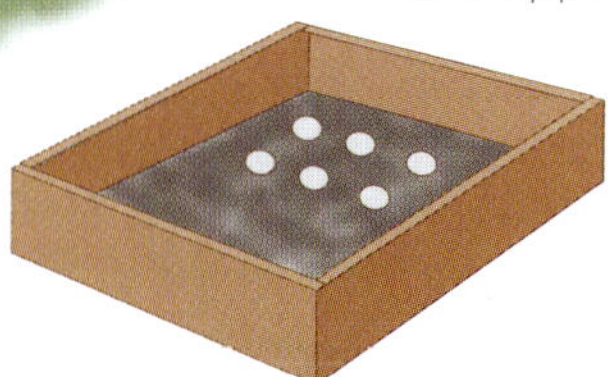

avril

semer, planter, récolter, soigner...

- Renouveler les plants d'herbes aromatiques et en semer de nouvelles (persil, cerfeuil, basilic, etc.).
- Pailler les fraisiers et remplacer les vieux plants.
- Semer les premiers radis.
- Semer en pleine terre les courges et les potirons.
- Planter les pommes de terre.
- Semer les oignons blancs.

AU POTAGER

Courges

Semez **en caissette** ou **directement en godets** les courgettes, potirons, pâtissons et autres cucurbitacées, ainsi que les concombres et les cornichons. Si vous optez pour l'achat de plants, attendez la fin des gelées pour les installer en terre.

Les courgettes, faciles à cultiver, deviennent vite indispensable

Cresson

Il ne pousse pas que dans les rivières. Plusieurs variétés (comme le cresson alénois) peuvent être semées au jardin à cette époque dans des **plates-bandes ombragées.** Des **arrosages fréquents** sont nécessaires.

Fraisiers

Commencez à **les pailler** ou à disposer un **film de plastique noir** pour les garder humides et éviter la prolifération des mauvaises herbes. Remplacez les plants les plus anciens car, au bout de 4 ou 5 ans, ils ne sont plus très productifs.

VIVE LE PAILLAGE !

Les bienfaits du paillage ne sont plus à prouver : il permet de garder l'humidité au pied des plantes, de limiter la prolifération des mauvaises herbes, et il constitue souvent un obstacle aux limaces et aux escargots. Si vous n'avez pas de paille, prenez des tontes de gazon, de la sciure de bois, des feuilles mortes ou des écorces de pin, le résultat sera aussi bon.

Herbes aromatiques

Renouvelez vos plants de **persil**, de **ciboulette**, d'**origan**, etc. Vous pouvez aussi **diviser le thym** et **bouturer le laurier-sauce.** Oubliez l'estragon de Russie que l'on trouve dans tous les magasins, car il a peu de parfum, et préférez-lui l'**estragon vivace** que vous achèterez en plant (il ne se sème pas).

Basilic

Aimant la chaleur, il ne faut pas le semer trop tôt mais, si le printemps est doux, tentez votre chance en laissant ses graines à même la terre, **sans les recouvrir,** car elles ont besoin de lumière pour germer. Deux ou trois jours après, elles vont gonfler et devenir bleues avant de donner naissance aux jeunes pousses.

Verveine et thym citron cohabitent au milieu d'un parterre fleuri : un ensemble qui fonctionne et joint l'utile à l'agréable.

Sachez que le basilic, plus encore que les géraniums, **fait fuir les moustiques**. Semez-le donc **en pots** que vous mettrez sur votre fenêtre cet été et choisissez toujours un endroit bien ensoleillé.

Oignons blancs

Délicieux en salade ou sur des brochettes, il faut **les semer maintenant** pour pouvoir en profiter durant l'été.

Pommes de terre

Elles aussi **se plantent à cette saison**. Leur culture n'est pas difficile (pensez surtout à **butter leur pied**), mais il vous faudra pas mal de **place** pour avoir une récolte suffisante. Pour ceux qui ont un petit jardin, il est donc préférable de les oublier et de laisser la place aux tomates, poivrons, courgettes et autres haricots verts.

Potager fleuri

Il n'est pas interdit de mettre des fleurs au potager, au contraire. Outre l'aspect esthétique, certaines d'entre elles pourront même **lutter contre des parasites**, comme le **souci** contre la **piéride** du

N'hésitez pas à fleurir votre potager pour confectionner des bouquets.

chou ou l'**œillet d'Inde** contre les petits **vers** qui se nourrissent des racines des tomates.

Radis

Il est temps de semer **les premiers radis** (en pleine terre). Pour en déguster pendant plusieurs mois, il vaudra mieux **échelonner vos semis toutes les 2 ou 3 semaines**. Aussi, n'en semez pas trop à la fois et alternez des variétés différentes. Favorisez la levée par des **arrosages quotidiens** et éclaircissez dès que vous pouvez afin qu'ils grossissent correctement. Enfin, il faut savoir que moins vous les arroserez, plus ils seront piquants.

Semis

Si vous êtes un jardinier débutant et que vous avez choisi de faire vos semis vous-même, tenez un **calendrier de notes**, mars et avril étant des mois où on en fait beaucoup. Ainsi, vous pourrez noter le temps de germination et de développement de chaque plante. Et l'année suivante, vous aurez tout loisir de corriger vos éventuelles erreurs, de conforter vos choix ou de vous adapter à un printemps plus ou moins précoce.

Si vous plantez des pommes de terre, n'oubliez pas qu'elles prendront de la place au potager.

LA ROTATION DES CULTURES

Première année

Aubergine, ail, courge, pois, melon, fenouil, scarole, frisée, mâche, cardon, fève, laitue, échalote, haricot, céleri à côtes, poireau, oignon, poivron, épinard, tomate, concombre

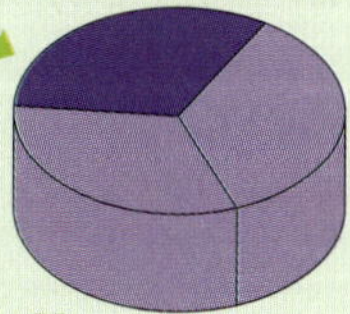

Carotte, bette, endive, céleri-rave, salsifis, pomme de terre

Chou, chou-fleur, chou de Bruxelles, radis, navet

Deuxième année

Chou, chou-fleur, chou de Bruxelles, radis, navet

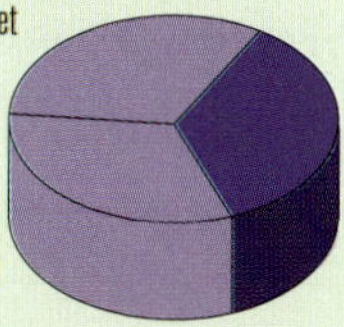

Aubergine, ail, courge, pois, melon, fenouil, scarole, frisée, mâche, cardon, fève, laitue, échalote, haricot, céleri à côtes, poireau, oignon, poivron, épinard, tomate, concombre

Carotte, bette, endive, céleri-rave, salsifis, pomme de terre

Troisième année

Carotte, bette, endive, céleri-rave, salsifis, pomme de terre

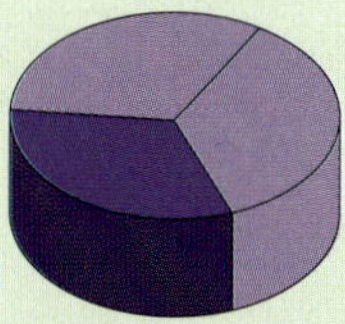

Chou, chou-fleur, chou de Bruxelles, radis, navet

Aubergine, ail, courge, pois, melon, fenouil, scarole, frisée, mâche, cardon, fève, laitue, échalote, haricot, céleri à côtes, poireau, oignon, poivron, épinard, tomate, concombre

Apport d'engrais

Apport de fumier ou de compost à l'automne

CONSEIL

Rotation des cultures

Divisez votre potager en trois parties et, chaque année, organisez la rotation de vos cultures de façon à **ne pas faire revenir un légume de la même famille au même endroit avant trois ans**. Ce système permet de limiter l'installation de parasites liés à certains végétaux dans la même parcelle et de permettre au sol de reconstituer ses réserves, car tous les légumes n'ont pas besoin des mêmes éléments dans les mêmes proportions. Pour les **liliacées** (oignon, ail, échalote, poireau), il est conseillé d'**attendre 4 ou 5 ans** avant d'en replanter au même endroit. Ainsi, chaque année, vous aurez intérêt à **conserver par écrit** le plan de votre potager pour le réorganiser l'année suivante.

Pour l'aménagement des cultures au jardin, il faudra aussi composer avec les installations de longue durée telles que les asperges qui resteront en place plusieurs années.

mai

semer, planter, récolter, soigner…

- Semer salades, persil, cerfeuil, coriandre.
- Après la lune rousse, installer les plants de légumes au potager : tomates, courgettes, poivrons, aubergines, etc.
- Éclaircir les radis et les carottes.
- Terminer tous les semis de légumes en pleine terre (haricots, potirons).
- Butter les pommes de terre et les pois.
- Semer des haricots verts et encore des salades.
- Pailler au potager.

AU POTAGER

Les « **saints de glace** » passés (saint Mamert, saint Pancrace et saint Servais, dont les fêtes – autrefois les 11, 12 et 13 mai – sont parfois accompagnées de gelées tardives), vous allez pouvoir **installer en pleine terre** les plants de légumes que vous aurez fait venir en pépinière ou que vous aurez achetés : **tomates**, **poivrons**, **courgettes**, **aubergines**, etc. Lors de la mise en place, ne négligez pas l'**arrosage** et, pour les tomates, pensez à installer vos **tuteurs** en même temps.

N'hésitez pas à mélanger les variétés de légumes, ici de magnifiques piments doux des Landes

Commencez à éclaircir les plants qui ont levé : radis, carottes, etc.

Semez également les **haricots** (des variétés naines vous éviteront de poser des rames) en ayant soin de ne pas trop enterrer les graines. N'oubliez pas les **potirons** avec lesquels vous ferez de délicieux potages en hiver. Il vous suffit de mettre quelques graines en terre et d'attendre septembre pour les récolter. Sachez tout de même qu'ils aiment la chaleur, l'eau et surtout un sol riche : si vous avez un tas de compost, n'hésitez pas à en faire pousser dessus.

Avec les fèves, l'aillet est l'un des premiers délices que vous offre le potager au printemps.

HALTE AUX LIMACES

Entourez vos semis d'un petit barrage de cendres de bois : vous les protégerez des limaces sans empoisonner les escargots que vous pourrez alors ramasser pour les cuisiner à la bourguignonne, à la charentaise ou… à votre façon.

Éclaircissez les **carottes** et les **radis** et **buttez les pommes de terre** pour éviter le verdissement des tubercules.
Semez les haricots verts en recommençant l'opération deux ou trois fois jusqu'en juillet afin d'**échelonner vos récoltes.**
Buttez les pois que vous avez semés en mars ou avril et installez-leur des **rames.**

Commencez à éclaircir les plants qui ont levé : radis, carottes, etc.

Fèves

Le principal problème rencontré avec ce végétal qui pousse tout seul, ce sont les **pucerons** qui se concentrent en colonies sur la terminaison de la plante. Aussi, n'hésitez pas : supprimez carrément le haut des plants en les pinçant. Sachez toutefois que les fèves semées avant l'hiver seront moins sujettes aux attaques des pucerons que celles que vous aurez mises en terre en février.

LES « BÊTES À BON DIEU »

Les coccinelles sont les amies des jardiniers, car chacune de ces « bêtes à bon Dieu » peut manger jusqu'à 200 pucerons par jour. Elles soulageront donc vos rosiers, capucines, lauriers-roses et autres végétaux souvent infestés. Si vous n'en avez pas dans votre jardin, sachez que vous pouvez acheter des larves dans certaines jardineries.

Les fèves sont l'un des premiers légumes qui se récoltent : délicieuses à la croque au sel quand elles sont jeunes, elles feront d'excellentes soupes en fin de récolte.

Persil, cerfeuil, coriandre

Si vous n'avez pas encore semé de **persil**, faites-le maintenant en vous payant le luxe de mettre du plat pour sa saveur et du frisé pour décorer vos mets. Dans les deux cas, la réussite sera assurée en faisant tremper les graines dans de l'eau 24 heures avant. Pensez aussi au **cerfeuil** et à la **coriandre** (qu'on appelle aussi persil chinois ou arabe) en les semant **à l'ombre** pour qu'ils ne montent pas trop vite en graine.

Plat ou frisé, le persil est indispensable au jardin.

Salades

Commencez vos **semis de laitues d'été** qu'il faudra **échelonner** dans le temps pour en manger pendant plusieurs mois. Profitez-en pour **varier les espèces**, particulièrement pour les laitues dont il existe de nombreuses variétés : pommée, romaine, batavia, mais aussi laitue à couper. Dans tous les cas, **arrosez-les fréquemment**.

Assortiment de salades après repiquage. Veillez à ce qu'elles ne s'assèchent pas.

L'abri de jardin permet d'avoir les outils et le matériel nécessair[e à] portée de main, surtout si le jardin est éloigné de la maison.

Dès les premières chaleurs, il faudra les **repiquer** dans une partie **ombragée** du potager pour qu'elles ne montent pas trop vite en graine.

ABRI DE JARDIN

Si vous avez profité de la fin de l'hiver pour nettoyer et ranger, voire installer, votre abri de jardin, il est temps d'en tirer pleinement les bénéfices. Selon son emplacement (plus ou moins proche de la maison) et selon sa taille et sa destination (s'agit-il d'un simple abri pour vos outils, d'un débarras pour la maison ou d'un atelier ?), vous pouvez envisager de l'embellir en prévoyant de semer des fleurs et planter des arbustes autour.

Pour la conception, n'hésitez pas à vous lancer si vous êtes bricoleur, vous pourrez alors allier la robustesse à l'économie en le construisant vous-même (pensez à faire un plan au préalable). Fabriqué en plancher de pin déclassé (que vous pourrez lasurer par la suite) avec une porte et une fenêtre et de l'onduline pour le toit, il vous coûtera moins cher que les modèles « prêts à monter » que l'on trouve dans le commerce.

juin

semer, planter, récolter, soigner…

- ✦ Continuer les semis échelonnés (salades, radis, haricots verts, cerfeuil, coriandre, etc.).
- ✦ Éclaircir carottes, radis, salades.
- ✦ Enlever les gourmands aux tomates.
- ✦ Nouer les tiges de l'ail.
- ✦ Commencer à semer les radis noirs et les choux.

AU POTAGER

À cette époque, il faut aller le plus souvent possible au jardin, car les tâches ne manquent pas : **taillez**, **pincez**, **binez**, **désherbez**, **arrosez** et ayez **l'œil sur tout**.
Pour mieux faire grossir les **têtes d'ail**, nouez leur tige.

Arrosage

En cette période de grande chaleur, il faut faire en sorte que les **arrosages** soient les plus bénéfiques possibles. C'est pour cela qu'il est préférable d'intervenir **le soir**, car la fraîcheur de la nuit retardera l'évaporation de l'eau.

SI LA TERRE EST TRÈS SÈCHE

On ne doit pas apporter des tonnes d'eau à une terre très sèche et craquelée, car elle ne ferait que ruisseler sur le sol sans l'imprégner. Il vaut mieux s'y reprendre à deux ou trois fois pour humidifier la terre petit à petit avant d'arroser plus abondamment.

Autre truc pour arroser au pied des plantes : utilisez des bouteilles en plastique dont vous couperez le fond avant de planter leur goulot dans la terre.

Si vous utilisez l'eau d'une **source** ou celle d'un **puits**, faites attention à sa température, car les végétaux n'aiment pas l'eau glacée.

En juin, on aurait tendance à ne pas encore penser aux choux, et pourtant, il est temps de semer si l'on veut garnir ses soupes d'hiver.

Choux

Le moment est venu de semer des **choux d'hiver** si vous les aimez. Ils naîtront dans **une ou deux semaines** et il faudra ensuite les **éclaircir** dans le rang, puis les **transplanter** à la fin de l'été pour les endurcir.

Poireaux

Repiquez vos plants en pleine terre en coupant les racines et le haut des feuilles d'environ un tiers pour favoriser leur reprise.

Radis noir

On peut commencer à le semer en **pleine terre.** Il faudra ensuite l'**éclaircir** après la levée et veiller à toujours garder la terre fraîche.

Semis

Continuez vos semis échelonnés : **haricots verts**, **radis d'été**, **salades**, etc. Pour le **cerfeuil** et la **coriandre**, rappelez-vous qu'il vaut mieux les semer à l'ombre, pendant la saison chaude, pour qu'ils ne montent pas trop vite en graine.

Lors d'un semis en pleine terre, ne semez pas trop serré puisqu'il faudra éclaircir par la suite.

Mettez en place les **laitues** semées le mois précédent et **repiquez** certains plants comme le **brocoli** ou le **chou de Bruxelles.**

Pensez aussi à **éclaircir** les **carottes** et les **radis.**

Semer les haricots autour d'une structure en tipi permet d'optimiser l'espace tout en offrant la hauteur nécessaire au développement des pieds.

DES MELONS MÛRS ET PROPRES

Pour que les melons, les concombres ou les potirons ne soient pas en contact direct avec la terre, glissez un morceau de tuile cassée ou une petite planchette sous chacun d'eux : ils ne seront pas salis, ils seront moins la proie des limaces et ils mûriront mieux. Certains jardiniers entourent même ces supports de papier d'aluminium pour qu'ils mûrissent uniformément grâce au réfléchissement des rayons du soleil.

Tomates

Enlevez les **gourmands** (ce sont les rejets qui poussent à l'aisselle de chaque feuille). Si vous ne le faites pas, vous aurez une multiplication de rameaux et des fruits minuscules. Un **arrosage hebdomadaire** est suffisant, car trop d'eau vous donnerait des tomates moins savoureuses. L'apport d'eau se fait toujours **au pied** pour éviter les maladies sur le feuillage. Pour cela, les différentes techniques sont toutes bonnes : goutte à goutte, bouteille en plastique retournée au pied, goulot de l'arrosoir, etc.

Supprimez les gourmands sur les plants de tomates et vérifiez que ceux-ci ne soient pas attachés trop serrés contre leur tuteur pour ne pas gêner leur croissance.

juillet

semer, planter, récolter, soigner…

- Soigner les tomates : pincer, tuteurer, enlever les gourmands et traiter à la bouillie bordelaise.
- Semer le chou chinois.
- Biner et butter le pied des haricots.
- Semer des légumes pour la récolte d'automne.
- Commencer les boutures des végétaux à multiplier.
- Vérifier la maturité des pommes de terre avant de les récolter.

Après la récolte, l'ail et les échalotes doivent être installés dans un endroit aéré.

EAU… CHÈRE EAU !

L'eau est chère au cœur du jardinier puisque c'est d'elle que dépend en grande partie la croissance des plantes. Mais elle est également chère (et le sera de plus en plus) pour le portefeuille. Il n'est donc pas inutile de prévoir un système de récupération des eaux de pluie. On peut dévier une descente de gouttière en la faisant aboutir dans un grand bac. Un grand tonneau fera très bien l'affaire, mais vous pouvez également acheter un matériel tout prêt dans une jardinerie. Utilisez aussi l'eau de rinçage des légumes pour les potées les plus proches de la maison. Et si vous avez un puits, surtout, ne le comblez pas !

AU POTAGER

Ail, oignons, échalotes

Deux ou trois semaines avant de ramasser les oignons, on a intérêt à **coucher leur tige sur le sol** pour faire grossir les bulbes (c'est le même principe que pour l'ail dont on noue les feuilles).
Quand leurs **feuilles** sont **jaunes** et **à moitié sèches**, vous pouvez les récolter. Faites-le de préférence un jour de beau temps et faites-les **sécher au soleil durant 2 ou 3 jours**. Stockez-les ensuite dans un endroit ventilé.

Basilic

Que votre basilic soit en pot ou en pleine terre, dès que ses **fleurs** apparaîtront, supprimez-les pour **étoffer le feuillage**. Pour la consommation hivernale, on peut préparer de délicieuses **huiles parfumées** : il suffit de **piler ses feuilles fraîches** et de les mettre à **macérer** dans une bouteille d'huile d'olive.

Au moment de l'achat des graines ou des plants, préférez le **basilic à petites feuilles**, car il est beaucoup plus parfumé.

Chou chinois

La mode de la cuisine orientale nous a fait connaître le chou chinois que l'on peut parfaitement cultiver en France. **Semé maintenant** et **éclairci** ensuite à **20 centimètres sur la ligne**, il sera récolté au **début de l'automne**, quand il sera bien pommé. Dans les régions à climat très doux, des semis de fin d'été permettront une production jusqu'en hiver.

Haricots

Profitez du **binage** des haricots pour bien **butter leurs pieds**, car leur enracinement est très peu profond.

Pommes de terre

Attendez qu'elles soient à maturité complète pour les ramasser. Faites-le par **beau temps** en les **laissant sécher** sur le sol

Les feuilles de capucine, comestibles, seront délicieuses en salade.

La récolte de pommes de terre approche, si vous n'avez pas laissé le doryphore faire son œuvre !

Les pieds de tomates s'accommodent très bien de compagnie variée.

un ou deux jours avant de les rentrer. Si vous voulez en garder pour servir de semence l'année suivante, laissez-les **verdir** sur le sol.

Semis

On peut encore **semer** des légumes pour les récolter à l'**automne** : **carottes hâtives, épinards**, **haricots verts nains**, diverses **salades** (frisée, laitue, romaine, mâche) et même des **brocolis** que l'on récoltera l'année prochaine.

Tomates

Continuez d'**enlever les gourmands** (voir schéma page 33) et **attachez** les tiges aux tuteurs avec du raphia. Vous pouvez également les traiter à la **bouillie bordelaise** pour prévenir les maladies.

Utilisez un pulvérisateur pour appliquer la bouillie bordelaise.

Avec simplement quelques soins, on obtient de très belles tomates.

Vers de terre

Ne vous plaignez pas de leur présence, ils sont indispensables ! Ils participent activement à l'**aération de la terre** et leurs déjections offrent un **engrais naturel**. Il vaut mieux s'occuper à éliminer d'autres parasites bien plus nuisibles pour les diverses plantations.

CONSEIL

Le jardin n'a pas de vacances

Avant de partir pour plusieurs semaines, il vaut mieux prendre **quelques dispositions au jardin.**

Binez le sol et **paillez** vos plantes pour leur garder un maximum d'humidité. Au pied des légumes qui pourraient être les plus affectés par la sécheresse, vous pouvez enfoncer, goulot en terre, des bouteilles en plastique auxquelles vous aurez coupé le fond. Vous les remplirez d'eau et les plantes la boiront petit à petit.

C'est pendant les mois d'été que l'on prépare les confitures et les conserves qui seront dégustées l'hiver suivant...

Au potager comme au verger, ramassez tous les légumes et les fruits consommables pour faire des **conserves** et des **confitures.**

Coupez toutes les fleurs épanouies ou sur le point d'épanouir (c'est l'occasion d'offrir de beaux bouquets à vos voisins !) pour être assuré d'une belle floraison à votre retour.

Traitez les végétaux qui en ont besoin.

Tondez la pelouse.

Avec ces quelques précautions également valables pour les jardins de maisons de campagne, partez l'esprit tranquille en sachant que vous retrouverez un jardin à peu près potable à votre retour.

août

semer, planter, récolter, soigner…

- ✦ Couper les fleurs des potirons pour faire grossir les fruits déjà formés.
- ✦ Blanchir les scaroles et les frisées.
- ✦ Tailler les melons.
- ✦ Éliminer les coulants des fraisiers.
- ✦ Ébourgeonner les pieds de tomates et pincer le haut.
- ✦ Commencer à semer les épinards, les choux de printemps et les navets.

AU POTAGER

Choux de printemps

Si vous ne l'avez pas déjà fait, **il est temps de les semer** en pleine terre en espaçant les sillons d'une **quinzaine de centimètres.** Comme pour les liliacées, veillez à ce que votre sol n'ait pas été récemment fumé.

Courges et potirons

Taillez leurs tiges à une feuille au-dessus des fruits et continuez à les arroser généreusement.
Vous pouvez constater, au fur et à mesure qu'ils poussent, qu'ils prennent beaucoup de place au jardin. Si vous disposez de peu

Pour faire grossir vos potirons, n'hésitez pas à couper les nouvelles fleurs et arrosez-les bien.

d'espace, prévoyez, pour l'année prochaine, de les cultiver **en hauteur**, le long d'un treillage installé contre un mur. Un jardinier de ma connaissance en a même fait pousser le long du tronc d'un arbre mort: imaginez l'allure de ce poirier extraordinaire dont les branches portaient des citrouilles! Vous pourrez procéder de même pour des melons, des concombres ou des cornichons.

Comme les coloquintes, les courges turban sont cultivées davantage pour leur esthétique que pour leurs qualités gustatives.

Épinards

Vous pouvez **commencer à les semer** (particulièrement les « géants d'hiver ») sans craindre qu'ils montent en graines. Après la levée, **éclaircissez** à une dizaine de centimètres sur la ligne et **arrosez** copieusement. Vous les récolterez en automne et en hiver.

Fraisiers

S'ils doivent rester en place l'année suivante, il faut **éliminer leurs coulants** qui risqueraient de se réenraciner, ce qui fatiguerait le plant mère.

Un genre de marcottage : lors de l'élimination des coulants, vous pouvez multiplier les fraisiers en favorisant l'enracinement de certains de ces stolons. Au bout de 4 ou 5 semaines, il faudra les couper pour séparer les nouveaux plants des pieds mères.

Prévelez des branches de romarin pour les bouturer.

La marjolaine, cousine germaine de l'origan, ne doit pas être oubliée dans le coin réservé aux plantes aromatiques, mais elle prendra un peu de place.

Herbes aromatiques

Tous les deux ou trois ans, il est bon de **diviser** les touffes de **ciboulette** pour leur redonner de la vigueur. Veillez à leur laisser suffisamment de racines pour qu'elles reprennent facilement.

Continuez à **ressemer** le **cerfeuil** monté en graine.

Bouturez le **laurier** et le **romarin**.

Quant à la **marjolaine**, cette plante aromatique pratiquement synonyme de l'origan, elle est très **sensible au froid**. Pendant l'été, il faut la laisser au soleil, mais l'automne arrivant, il faudra l'abriter puis la rentrer derrière une fenêtre pour l'hiver (elle aime la lumière). C'est pour cela qu'il est préférable de la cultiver en pot ou en jardinière.

Une jolie récolte de melons de différentes espèces.

Melons

Supprimez les tiges qui ne portent pas de fruits. S'ils ne sont pas encore mûrs, hâtez-les avec un peu d'engrais complet et arrosez-les bien.

Semez assez clair et peu profond

Navets

Il est également temps de **semer** les navets d'hiver.

Oignons

Comme pour l'ail, arrachez-les par beau temps et laissez-les ressuyer sur le sol, au soleil, avant de les rentrer dans un endroit bien aéré. Attendez que les tiges soient bien sèches avant de les lier en bottes.

Oignons blancs

Vous pouvez les semer jusqu'à la fin du mois. Comme pour toutes les liliacées, choisissez une terre qui n'a pas été fumée récemment. Tassez bien et arrosez fréquemment jusqu'à la levée, 1 à 2 semaines plus tard. Vous les repiquerez à l'automne, lorsque les plants auront une quinzaine de centimètres.

Pommes de terre

Vous pouvez essayer une dernière plantation de pommes de terre que vous récolterez à l'automne. Il faudra alors les protéger du froid par un bon buttage.

DES POMMES DE TERRE EN PLUS

Pour optimiser votre production de pommes de terre, arrachez les touffes entières, prélevez les plus beaux tubercules et replantez en arrosant généreusement. Deux ou trois semaines après, vous n'aurez plus qu'à recommencer l'opération. Ce « truc » est intéressant dans un petit jardin mais, bien sûr, est difficilement applicable dans un champ entier !

Semez et repiquez régulièrement des salades pour pouvoir en consommer en permanence.

Radis

Continuez les **récoltes** régulières et commencez à **semer** les radis d'automne.

Salades

Si elles **montent en graine** trop rapidement, sachez que c'est toujours le **dessèchement** qui accélère ce phénomène. Il est donc important, à cette saison, de les installer à l'ombre et de les arroser très régulièrement.

Au fur et à mesure de vos besoins, vous pouvez **attacher** les scaroles et les frisées pour **blanchir leur cœur**.

Dans le courant du mois, vous pourrez faire un **semis de laitues d'hiver et de printemps**.

Vous pouvez également faire des **semis de mâche** jusqu'à l'automne, toujours en les échelonnant. **Tassez** bien la terre au-dessus de la semence. Vous ferez la récolte sans attendre que les plantes soient trop développées en **coupant les plants au niveau du collet** pour les laisser repousser.

Tomates

Ébourgeonnez les pieds pour favoriser la croissance des fruits. **Coupez** également les feuilles du bas lorsqu'elles traînent par terre et enlevez celles qui empêchent un bon mûrissement des fruits.

Si vous avez oublié de planter des **tomates cerise**, vous pouvez encore en installer maintenant en choisissant des plants assez développés.

Le temps de la pleine récolte est venu.

septembre

semer, planter, récolter, soigner…

- Semer la mâche (en sol simplement griffé) et les carottes.
- Planter des fraisiers.
- Effeuiller les dernières tomates.
- Semer le radis de Chine.
- Mettre en place les salades d'hiver.
- Diviser les grosses touffes d'herbes aromatiques.

AU POTAGER

Carottes

Semez les « **Nantaises** » qui resteront en terre tout l'hiver, puis **éclaircissez**. Quand les premiers froids arriveront, vous les **recouvrirez d'un peu de paille**.

Fraisiers

Il y a deux types de fraisiers : les **remontants**, qui fructifient deux fois dans l'année (de juin à juillet d'abord, puis de fin août à fin septembre), et les **non remontants** qui ne produisent qu'une fois (en juin-juillet), mais en abondance.

Quelle que soit la variété, septembre est **le mois idéal** pour les mettre en place, car ils auront le temps de bien s'enraciner avant l'hiver et vous aurez une récolte normale dès le printemps suivant. Si vous le pouvez, enfouissez du **fumier** ou du **compost** bien mûr au moment

C'est la bonne époque pour mettre en place les fraisiers, remontants ou non.

de la préparation du sol. Distancez les sujets de **40 à 50 centimètres** en tous sens pour qu'ils ne se gênent pas et enterrez les pieds en laissant le **bourgeon central bien dégagé** au-dessus du sol. Par la suite, vous pourrez **régénérer votre culture** (au bout de 3 ou 4 ans, un fraisier n'est plus très productif) en faisant enraciner quelques **stolons** (les tiges qui courent le long du sol) que vous séparerez ensuite du plant mère.

Haricots en grains

C'est la grande époque de leur **récolte**. Ramassez d'abord les plus **grosses gousses** qui ont des grains bien fermes pour faire une délicieuse cuisine de **haricots frais**. Récoltez ensuite les **haricots secs** (ou demi-secs) quand leurs cosses auront un aspect parcheminé et

Assortiment de graines et de haricots secs aux couleurs étonnantes.

C'est la pleine époque des haricots en grains,
mais aussi des haricots verts si vous en avez semé pendant l'été.

que les feuilles seront tombées : arrachez les pieds et suspendez-les tête en bas sous un abri aéré pendant plusieurs jours. Vous pourrez ensuite les battre au-dessus d'une bâche pour récupérer les grains.

Herbes aromatiques

Il est temps de diviser la **ciboulette**, le **thym**, **l'estragon**, l'**origan** ou la **sarriette** si les plants deviennent trop envahissants ou s'ils ont tendance à s'épuiser. N'oubliez pas que chaque petite touffe prélevée doit posséder des **racines** et des **pousses**, et qu'il faudra les **arroser** régulièrement le temps qu'elles repartent.

Fumier

Vous pouvez commencer à **enfouir du fumier** assez profondément dans les planches libres. Comme dit le proverbe : « Qui fume son champ en le défonçant le fume pour dix ans. »

Potirons et courges

C'est le moment de récolter les potirons, les potimarrons et les derniers pâtissons.

Si vous les laissez encore quelque temps au jardin par temps humide, **isolez-les du sol** avec des planchettes ou des morceaux de tuiles pour éviter le risque de pourrissement.
Il faudra les rentrer **avant les premières gelées** en prenant soin de toujours laisser le **pédoncule attaché** aux fruits et de ne pas abîmer leur peau, ce qui garantira leur conservation jusqu'à l'hiver. Gardez-les dans un **endroit sec et ventilé**, par exemple à l'intérieur de la maison où ils seront très décoratifs.

Radis noirs

Si ce n'est pas encore fait, **dépêchez-vous de les semer** en pleine terre. Il faudra ensuite les **éclaircir** après la levée et bien les **arroser** régulièrement. Même chose pour le gros **radis rose dit « de Chine »** que l'on trouve assez peu sur les marchés, mais qui est délicieux.

Salades

Mettez en place les **laitues d'hiver** que vous avez pu semer en août.

© Phovoir

Tomates

Si des gelées ne sont pas annoncées et que vous laissez encore en place des **tomates** ou des **aubergines**, **effeuillez-les** pour accélérer leur mûrissement.

© J. Duprat

Comme pour les tomates, les dernières récoltes d'aubergines et de courgettes approchent.

© J. Duprat

Au contraire, si vous craignez de perdre vos dernières tomates et qu'elles ne sont pas encore assez mûres, vous avez plusieurs techniques pour **les faire rougir à l'abri** : arrachez les pieds et suspendez-les la tête en bas dans un endroit aéré et lumineux ; cueillez les fruits et mettez-les sur un lit de paille sous un châssis vitré ; enfin, vous pouvez aussi envelopper chacun d'eux dans du papier journal. Pour les petites **tomates vertes** qui ne mûriraient pas si elles n'ont pas atteint leur grosseur normale, faites des confitures ou mettez-les dans du vinaigre pour les manger plus tard comme condiments.

octobre

semer, planter, récolter, soigner...

- Labourer et bêcher.
- Installer dans des pots du persil et de la ciboulette pour l'hiver.
- Planter ail et échalote.
- Repiquer les oignons blancs.
- Semer les laitues d'hiver sous châssis.
- Continuer de semer mâche et roquette en pleine terre dans les régions chaudes.

AU POTAGER

C'est le temps des dernières récoltes au jardin, dans les régions au climat doux.

Ail et échalote

Vous pouvez **planter les gousses d'ail** dès cette époque en choisissant celles du pourtour de chaque tête car elles sont plus grosses. Mettez aussi les **échalotes**. Dans les deux cas, vous aurez une meilleure récolte qu'avec une plantation de printemps. N'oubliez pas que vous ne devez pas installer ces végétaux dans un sol récemment fumé.

Haricots

Terminez éventuellement la **récolte** en arrachant les pieds et en les accrochant tête en bas dans un endroit abrité et aéré. Laissez les grains en cosses.

Oignons blancs

Repiquez en terre à **10 centimètres** ceux que vous avez semés en août.

Persil

Si vous voulez avoir du persil tout l'hiver, **prélevez quelques touffes** dans le carré d'herbes aromatiques et mettez-les en **pot**. Ainsi, il vous sera facile, dès les premiers froids, de mettre votre persil **à l'abri** (mais à la lumière) là où bon vous semble, par exemple devant la fenêtre de la cuisine. Essayez la même chose pour la **ciboulette**.

DES CAROTTES POUR L'HIVER

Pour conserver pendant l'hiver les carottes que vous récoltez maintenant, mettez-les à la cave dans du sable sans leur enlever leurs fanes.

L'ORTIE : ENFER ET PARADIS

Qui d'entre nous n'a pas pesté contre les orties parfois si envahissantes ? Il y a pourtant un truc bien facile pour les éliminer : plus on les coupe, moins elles repoussent et ce jusqu'à disparition totale. Elles ont pourtant leur utilité, soit pour faire du purin qui est un excellent engrais azoté et un bon insecticide, soit pour faire des soupes : choisissez les plus jeunes, faites cuire leurs pointes avec quelques pommes de terre dans de l'eau salée, moulinez et ajoutez du beurre et du poivre.

© Fotolia, Paul Bodea

Salades

Laissez les **scaroles** et les **frisées** en terre en les recouvrant d'une couche de feuilles mortes maintenues par des branchages. Elles pourront ainsi blanchir, à moins que vous ne préfériez les lier.

Continuez à **semer sous châssis des laitues d'hiver** que vous pourrez **repiquer** à la fin du mois en pleine terre en prenant soin de ne pas enterrer le collet. Si vous choisissez des variétés adaptées au froid, elles passeront l'hiver au jardin sans problème à condition de les protéger un peu aux moments les plus rudes.

Semez encore de la **mâche** ou de la **roquette** en pleine terre si vous n'êtes pas dans une région trop froide.

novembre

semer, planter, récolter, soigner...

- Protéger les végétaux des premières gelées et leur pailler le pied.
- Semer les fèves.
- Ne pas laisser geler les poireaux.
- On peut commencer à planter l'ail et l'échalote.
- À l'occasion des labours, enrichir le sol de compost ou d'amendement de fond.

Attention ! Au mois de novembre, tout peut arriver : la pluie, le vent, le gel, et même la neige ! Il est donc grand temps de protéger ce qui doit l'être.

AU POTAGER

Choux de Bruxelles

Leur **récolte** commence avec les premières gelées et peut durer jusqu'à la fin de l'hiver. Prélevez d'abord les **bourgeons du bas** de la plante pour laisser ceux du haut se développer ensuite et enlevez régulièrement les feuilles qui jaunissent.

Fèves

Bien qu'elles naissent au printemps, il vaut mieux les **semer** en novembre qu'à la fin de l'hiver, car elles seront **moins sujettes à l'attaque des pucerons**.

Poireaux

Si une vague de **froid sévère** est annoncée, vous pouvez sauver vos poireaux du gel en les arrachant avec de la terre autour des racines et en les **replantant à l'abri dans du terreau**.

À la vinaigrette, en potage ou en pot-au-feu, le poireau est l'un des rois de l'hiver (ici la variété « Bleu de Solaize »).

Bêchez bien vos planches vides de cultures, sans vous occupez des mottes que le gel réduira.

décembre

semer, planter, récolter, soigner…

- Vérifier que toutes les plantations qui craignent le froid soient bien protégées.
- Commencer les gros travaux d'aménagement au jardin.
- Protéger le compost de la neige avec une bâche.
- Réviser la tondeuse et les outils.

AU POTAGER

Vous pouvez encore **bêcher** en apportant une fumure de fond, mais uniquement **par beau temps**. Ne retournez jamais la terre lorsqu'elle est recouverte de neige au risque de trop refroidir le sol qui serait encore glacé à l'arrivée du printemps. **Protégez** les légumes restés en terre (salades, choux, etc.).

Pensez aux nichoirs à oiseaux, ce qui enchantera vos enfants !

Il serait dommage de ne pas protéger le chou des risques de l'hiver.

Été comme hiver, le pluviomètre est très utile.

Compost

Brassez-le et **protégez-le** de la neige avec une bâche.

LES CENDRES AU JARDIN… PLUTÔT QU'À LA POUBELLE

Si vous avez une cheminée, vous avez repris les belles flambées d'hiver. Ne jetez pas les cendres de bois, mais gardez-les pour le jardin où elles constitueront un excellent engrais.

MATÉRIEL

Outils

Vérifiez l'état de vos outils qui doivent être rangés propres pour l'hiver. C'est également à cette saison qu'il vaut mieux faire **réviser** ses machines (tondeuse, débroussailleuse, motoculteur, etc.), **affûter** les sécateurs et changer les manches abîmés de certains outils. Pensez aussi à **vidanger** et à **protéger** les robinets d'eau se trouvant à l'extérieur.

glossaire

Acide (sol) : type de sol souvent pauvre (sable) dont le pH est inférieur à 7. Il convient à la culture des plantes dites « de terre de bruyère » comme l'azalée ou l'hortensia. C'est le contraire d'un sol alcalin ou calcaire.

Aérer (le sol) : le labour ou un simple griffage superficiel favorise la pénétration de l'air (mais aussi de l'eau) et facilite ainsi la pousse des racines.

Alcalin : se dit d'un sol plutôt calcaire (son pH est supérieur à 7). C'est le contraire d'un sol acide.

Amendement : substance incorporée au sol pour en améliorer la structure ou la composition.

Annuelle : se dit d'une plante qui accomplit son cycle végétatif complet (germination, floraison, fructification et mort) dans la même année.

Aoûté : se dit d'un rameau qui s'est lignifié (la jeune pousse devient du bois).

Binage : action d'ameublir la terre en brisant sa croûte superficielle autour des plantes cultivées afin d'aérer le sol mais aussi de le désherber.

Bisannuelle : se dit d'une plante qui accomplit son cycle végétatif en deux ans. La plupart du temps, elle germe au printemps ou en été, passe l'hiver, fleurit au printemps suivant puis disparaît (par exemple : la pensée).

Blanchiment : consiste à placer tout ou partie d'une plante à l'abri de la lumière pour faire blanchir ses pousses (endives, céleri, cardon).

Bouillie bordelaise : produit poudreux à base de sulfate de cuivre que l'on mélange à l'eau et que l'on pulvérise sur les végétaux à titre préventif pour les protéger des maladies. La bouillie bordelaise est très utilisée pour traiter les arbres fruitiers, la vigne et les tomates.

Buttage : opération consistant à amonceler une petite butte de terre au pied d'une plante pour la protéger du froid ou de la lumière.

Compost : mélange de matières organiques végétales décomposées utilisé comme engrais.

Débourrement : éclatement des bourgeons à la fin de l'hiver.

Éclaircir : éliminer volontairement certains jeunes plants pour laisser les autres se développer normalement.

Forçage : culture hâtée par le chauffage.

Gourmand : Rejet se développant au détriment de la plante principale : à éliminer.

Hybride : végétal provenant du croisement de deux espèces ou de deux variantes d'une même espèce.

Jauge : mettre en jauge signifie entreposer provisoirement des végétaux dans un trou ou une tranchée remplie de terre ou de terreau, dans l'attente de leur plantation définitive.

Marcottage : méthode de multiplication consistant à provoquer l'enracinement d'un rameau encore attaché à la plante-mere.

Pépinière : endroit réservé à la multiplication et à la culture des plantes exigeant des soins particuliers en attendant leur mise en place définitive.

Pincer : couper entre le pouce et l'index les jeunes pousses d'une plante pour favoriser sa ramification et la faire s'épaissir.

Pralinage : opération consistant à tremper les racines d'un végétal à replanter dans une boue liquide et enrichie de fumier pour les protéger du dessèchement et activer la reprise.

Rabattre : tailler sévèrement un arbre ou un arbuste pour provoquer l'apparition de jeunes rameaux.

Remontant : se dit d'une plante qui fleurit plusieurs fois dans la saison.

Rustique : synonyme de robuste. Se dit des végétaux particulièrement résistants, surtout au froid.

Sarcler : débarrasser le sol des mauvaises herbes.

Stolon : tige aérienne rampante provenant d'un pied mère et qui s'enracine pour se multiplier.

Vivace : se dit d'une plante qui se développe et fleurit plusieurs années de suite.

index

table des matières

Ce livre est extrait de l'ouvrage *Les 4 saisons du jardinier* paru aux éditions Sud Ouest.

Ce livre a été imprimé par Loire Offset Titoulet à Saint-Étienne (42) – France
ISBN : 978-2-8177-0342-8 – Éditeur : 01.05.03.14